Almas Benditas

Elam de Almeida Pimentel

Almas Benditas

Novena

EDITORA
VOZES

Petrópolis

© 2010, Editora Vozes Ltda.
Rua Frei Luís, 100
25689-900 Petrópolis, RJ
Internet: http://www.vozes.com.br
Brasil

2ª edição, 2014.

Todos os direitos reservados. Nenhuma parte desta obra poderá
ser reproduzida ou transmitida por qualquer forma e/ou
quaisquer meios (eletrônico ou mecânico, incluindo fotocópia e
gravação) ou arquivada em qualquer sistema ou banco de dados
sem permissão escrita da editora.

Diretor editorial
Frei Antônio Moser

Editores
Aline dos Santos Carneiro
José Maria da Silva
Lídio Peretti
Marilac Loraine Oleniki

Secretário executivo
João Batista Kreuch

Editoração: Fernando Sergio Olivetti da Rocha
Projeto gráfico: AG.SR Desenv. Gráfico
Capa: Omar Santos

ISBN 978-85-326-2432-1

Editado conforme o novo acordo ortográfico.

Este livro foi composto e impresso pela Editora Vozes Ltda.
Rua Frei Luís, 100 – Petrópolis, RJ – Brasil – CEP 25689-900
Caixa Postal 90023 – Tel.: (24) 2233-9000
Fax: (24) 2231-4676

Sumário

1 Apresentação, 6
2 Devoção às Almas Benditas, 8
3 Novena às Almas Benditas, 10
   1º dia, 10
   2º dia, 11
   3º dia, 12
   4º dia, 14
   5º dia, 15
   6º dia, 16
   7º dia, 17
   8º dia, 18
   9º dia, 21
4 Orações às Almas Benditas, 26
5 Ladainha ao Sagrado Coração de Jesus, 29

Apresentação

A devoção às Almas Benditas é muito lembrada no mês de novembro, pois, em muitas comunidades católicas, novembro é visto como o "Mês das Almas".

A devoção às almas não é uma espécie de culto às almas penadas, fantasmas, espíritos vagando pela terra. É uma ligação entre vivos e mortos, pessoas que faleceram e que tinham grande fé em Deus e vivem definitivamente em Deus. A devoção às almas é a fé na ressurreição eterna.

Todos nós temos familiares e amigos já mortos e que estão na presença de Deus, podendo ser nossos intercessores e protetores. Devemos nos lembrar que a vitória de Jesus sobre a morte – a ressurreição – é a nossa vitória também. O Apóstolo Paulo afirmou que, se acreditarmos que Cristo não ressuscitou, a nossa fé é inútil. Mas, se crermos que Ele ressuscitou verdadeiramente, nós ressuscitaremos com Ele (1Cor 15,12-22). Assim, nossos entes queridos não estão mais entre nós, mas estão vivos para Deus.

Este livrinho contém breve comentário sobre a devoção às almas, seguido de reflexões e orações para o pedido de graça especial, acompanhado de um Pai-nosso, uma Ave-Maria e um Glória-ao-Pai. Contém também algumas orações às almas e uma ladainha ao Sagrado Coração de Jesus.

2

DEVOÇÃO ÀS ALMAS BENDITAS

A Igreja Católica celebra no dia 2 de novembro o "Dia dos Mortos". A piedade popular vive com intensidade, pelo menos em muitas paróquias do norte do Brasil, a devoção às Almas Benditas do purgatório.

A Bíblia, já no Antigo Testamento, testemunha a fé da "comunhão entre vivos e mortos"; fé, portanto, na vida além da morte. Macabeu marcou sacrifícios no Templo de Jerusalém como intercessão pelos seus soldados mortos em combate (2Mc 12,43-45).

O cristianismo conservou e reformulou esta crença na vida para além da morte e na ressurreição dos mortos à luz da ressurreição de Cristo. E o passar dos séculos veio explicitar uma crença antiga: mesmo morrendo na fé em Deus, a maior parte de nós leva consigo muita imperfeição e necessita libertar-se de tudo antes do encontro com

Deus. Esta libertação, para além da morte, a Igreja chama de "purgatório".

Esta fé na vida após a morte foi formulada também pelos concílios de Florença (1439) e de Trento (entre 1545 e 1563). A partir daí, a afirmação do purgatório como verdade de fé passou a fazer parte da vida dos católicos. E, como consequência, surgiu entre os fiéis a devoção às almas.

A devoção às almas cresceu por dois motivos: em primeiro lugar, o fato de essas almas já terem experimentado a certeza da salvação faz delas intercessoras qualificadas junto de Deus. Daí que nós, vivos, a elas recorremos com o nome de Santas Almas Benditas; benditas no sentido de bem-aventuradas. Em segundo lugar, pelo fato de essas almas estarem plenamente em Deus, são merecedoras de todas as nossas orações.

Novena às Almas Benditas

1º dia

Iniciemos com fé este primeiro dia de nossa novena, invocando a presença da Santíssima Trindade: em nome do Pai, do Filho e do Espírito Santo. Amém.

Leitura bíblica: Sl 42,2-3

Como a corça suspira pelas águas correntes, / assim minha alma suspira por ti, meu Deus. // Minha alma tem sede de Deus, do Deus vivo: / quando entrarei para ver a face de Deus?

Reflexão

É importante louvar e bendizer a Deus sempre. Vamos, como o salmista, glorificar a Deus e Ele orientará nossas vidas.

Oração

Meu Deus, obrigado(a) por estardes junto de mim, escutando-me sempre. Hoje vos peço pelas Almas Benditas que as ilumineis a chegar rápido a vossa presença. E a vós, Almas Benditas, peço o alcance da graça de que no momento tanto necessito... (falar a graça que se deseja alcançar).

Pai-nosso.

Ave-Maria.

Glória-ao-Pai.

2º dia

Iniciemos com fé este segundo dia de nossa novena, invocando a presença da Santíssima Trindade: em nome do Pai, do Filho e do Espírito Santo. Amém.

Leitura bíblica: Sl 103,1-2

Bendize, ó minha alma, o Senhor, / e todo o meu ser, seu santo nome! // Bendize, ó minha alma, o Senhor, / e não esqueças nenhum de seus benefícios!

Reflexão

Às vezes, questionamos a sabedoria de Deus quando estamos vivenciando uma fase de dor, de confusão. Mas Deus não nos abandona nunca. Mesmo quando não compreendemos o que está acontecendo, podemos ter certeza que Ele age nos acontecimentos de nossa vida para realizar coisas boas, para nos fortalecer, para nos aproximar de alguém ou dele mesmo.

Oração

Ó Deus, perdoai-nos por pedirmos muito a Vós. Eu vos agradeço por tudo que Vós representais para a humanidade. Eu vos peço pelas Almas Benditas, para livrá-las de todo mal, conduzindo-as ao reino da glória. E a vós, Almas Benditas, suplico a graça de que tanto necessito... (falar a graça que se deseja alcançar).

Pai-nosso.

Ave-Maria.

Glória-ao-Pai.

3º dia

Iniciemos com fé este terceiro dia de nossa novena, invocando a presença da Santíssima Trindade: em nome do Pai, do Filho e do Espírito Santo. Amém.

Leitura do Evangelho: Jo 3,16
> Deus amou tanto o mundo que entregou o seu Filho único, para que todo aquele que nele crer não morra, mas tenha a vida eterna.

Reflexão

O amor de Deus por nós é incondicional, sem limites. Mesmo amando imensamente seu Filho, Deus o entregou para que tivéssemos vida plena aqui na terra e na eternidade.

Oração

Almas Benditas, ensinai-nos a amar a Deus, demonstrando nosso amor em gestos, palavras e pensamentos.

Almas Santas e Benditas, rogai a Deus por nós, que rogaremos a Deus por vós; alcançai-nos os favores que a vós suplicamos... (fazer o pedido) e que Deus vos dê repouso e luz eterna. Amém.

Pai-nosso.

Ave-Maria.

Glória-ao-Pai.

4º dia

Iniciemos com fé este quarto dia de nossa novena, invocando a presença da Santíssima Trindade: em nome do Pai, do Filho e do Espírito Santo. Amém.

Leitura bíblica: Sl 62,2-3

> Só em Deus minha alma está tranquila; / dele vem a minha salvação. // Somente Ele é minha rocha e minha salvação...

Reflexão

O salmista afirma que Deus está sempre a nos fortalecer. Essas são palavras verdadeiras, pois não há absolutamente nada que enfrentemos sem que Deus nos ajude. Em nossas necessidades, Deus está sempre pronto a nos fortalecer.

Oração

Amado Pai, obrigada por vossa presença em minha vida. Eu vos peço pelas Almas Benditas para que alcancem o descanso eterno. E a vós, Santas Almas Benditas, peço que me ajudeis na solução do problema...

(falar o problema e a graça solicitada) que tanto me angustia.

Pai-nosso.

Ave-Maria.

Glória-ao-Pai.

5º dia

Iniciemos com fé este quinto dia de nossa novena, invocando a presença da Santíssima Trindade: em nome do Pai, do Filho e do Espírito Santo. Amém.

Leitura bíblica: Sl 63,2

Ó Deus, Tu és meu Deus, a ti procuro, / minha alma tem sede de ti, todo o meu ser anseia por ti...

Reflexão

O salmista mostra uma fé total em Deus, uma fé simples e despretensiosa. Nossa fé tem base na confiança que temos em Deus.

Oração

Amado Deus, ajudai-me a confiar em Vós com uma fé simples e despretensiosa.

A Vós suplico pela libertação das Almas Benditas. E a vós, Almas Benditas, peço intercessão no alcance da graça... (falar a graça que se deseja alcançar).

Pai-nosso.

Ave-Maria.

Glória-ao-Pai.

6º dia

Iniciemos com fé este sexto dia de nossa novena, invocando a presença da Santíssima Trindade: em nome do Pai, do Filho e do Espírito Santo. Amém.

Leitura do Evangelho: Lc 22,42

Pai, se queres, afasta de mim este cálice; contudo, não se faça a minha vontade, mas a tua.

Reflexão

Às vezes, nos decepcionamos com algo e até nos revoltamos com Deus, principalmente quando perdemos uma pessoa querida. Devemos nos lembrar de que nossos planos nem sempre são os mesmos que Deus tem para nós. Assim, vamos confiar na vontade de Deus e seguir o caminho que Ele reservou para nós, acreditando que Ele sabe o que é o melhor.

Oração

Almas Benditas, ajudai-me a viver no amor e na fidelidade ao Sagrado Coração de Nosso Senhor Jesus Cristo e, se possível, alcançai-me a graça que a vós suplico... (falar a graça que se deseja alcançar).

Pai-nosso.
Ave-Maria.
Glória-ao-Pai.

7º dia

Iniciemos com fé este sétimo dia de nossa novena, invocando a presença da Santíssima Trindade: em nome do Pai, do Filho e do Espírito Santo. Amém.

Leitura bíblica: Fl 2,3-5

Não façais nada com espírito de rivalidade ou de vanglória; ao contrário, cada um considere com humildade os outros superiores a si mesmo, não visando ao próprio interesse, mas ao dos outros.

Reflexão

Jesus pregava a humildade. Assim devemos avaliar se estamos seguindo este caminho, se não estamos passando por cima de outros para atingirmos nossos objetivos. O importante é ficarmos em paz com a nossa consciência, sermos generosos com o próximo, chegando mesmo a nos esquecer de nós mesmos para fazer o possível para ajudar a quem necessita.

Oração

Santas Almas Benditas, peço-vos que intercedais junto a Deus Pai para que eu obtenha a graça de que urgentemente necessito... (falar a graça que se deseja alcançar).

Pai-nosso.

Ave-Maria.

Glória-ao-Pai.

8º dia

Iniciemos com fé este oitavo dia de nossa novena, invocando a presença da Santíssima Trindade: em nome do Pai, do Filho e do Espírito Santo. Amém.

Leitura bíblica: 2Mc 12,42-46

[...] e puseram-se em prece, suplicando fosse inteiramente perdoado o pecado cometido. O nobre Judas exortou o povo a conservar-se isento de pecado, pois tinham visto com os próprios olhos o que acontecera por causa do pecado dos que haviam tombado. Depois, tendo organizado uma coleta entre os soldados, mandou a Jerusalém cerca de duas mil dracmas para que se oferecesse um sacrifício expiatório. Ação muito justa e nobre, inspirada no pensamento da ressurreição! Pois, se não esperasse que os soldados caídos haviam de ressuscitar, teria sido supérfluo e insensato orar pelos mortos. Considerando ele, porém, que belíssima recompensa está reservada aos que morrem piedosamente, seu pensamento foi santo e piedoso. Eis por que mandou oferecer aquele sacrifício pelos mortos, para que ficassem livres do seu pecado.

Reflexão

Macabeu (Martelo) era o apelido de Judas, filho de Matatias, que, junto com os filhos, liderou a luta dos judeus contra os sírios pela libertação religiosa e política de sua nação. O trecho bíblico do Antigo Testamento citado acima nos mostra como Macabeu orou pelos soldados mortos e por eles fez "sacrifícios" por acreditar na vida após a morte, pedindo a Deus pela remissão dos pecados dos soldados. Semelhante a ele, oremos por nossos entes queridos já falecidos e por todas as Almas Benditas.

Oração

Senhor Jesus Cristo, eu vos peço misericórdia pelas Almas Benditas que ansiosas aguardam o encontro com Vós e humildemente rogo que tenhais misericórdia de mim na hora de minha morte. Santas Almas Benditas, a vós recorro pedindo intercessão junto a Deus, todo-poderoso, para o alcance da graça de que tanto necessito... (falar a graça que se deseja alcançar).

Pai-nosso.

Ave-Maria.

Glória-ao-Pai.

9° dia

Iniciemos com fé este nono dia de nossa novena, invocando a presença da Santíssima Trindade: em nome do Pai, do Filho e do Espírito Santo. Amém.

Neste último dia de nossa novena, lembremos de Santa Matilde que, um dia, comungando pelas almas do purgatório, teve uma visão na qual Nosso Senhor Jesus Cristo lhe pedia que rezasse um Pai-nosso pelas almas. E compreendeu ela que devia fazê-lo do modo abaixo:

Pai-nosso que estais nos céus – Eu vo-lo peço: dignai-vos a perdoar, Pai Eterno, às almas do purgatório por não vos terem amado, por não terem rendido o culto de adoração que a Vós é devido, a Vós seu Pai, bom e misericordioso, antes de vos terem afastado de seus corações, onde desejáveis habitar. Para suprir estas faltas, ofereço-vos o amor e a honra que o vosso amado Filho vos rendeu sobre a terra e a abundante satisfação com que pagou a dívida de todos os pecados. Amém.

Meu Jesus, misericórdia (dez vezes).

Santificado seja o vosso nome – Eu vos suplico, ó Eterno Pai, que perdoeis às almas do purgatório por não terem honrado dignamente o vosso nome, por o terem raras vezes invocado com devoção, por o terem tomado muitas vezes em vão e pela vida delas pouco edificante, por terem se tornado indignas do nome de Cristo. Por satisfação deste pecado, ofereço-vos a santidade de vosso amado nome nas suas pregações e a honra em todas as suas santíssimas obras. Amém.

Meu Jesus, misericórdia (dez vezes).

Venha a nós o vosso reino – Eu vos rogo, ó eterno Pai, que perdoeis às almas do purgatório por não terem desejado ardentemente nem procurado com bastante zelo a extensão do vosso reino, onde se acha o verdadeiro repouso e a eterna glória. Para expiar esta indiferença que tiveram por todos os bens da alma, ofereço-vos os santos desejos que Jesus teve de sermos coerdeiros do seu reino. Amém.

Meu Jesus, misericórdia (dez vezes).

Seja feita a vossa vontade, assim na terra como no céu – Eu vos suplico, ó eterno Pai, que perdoeis às almas do purgatório, sobretudo às dos religiosos, por terem preferido a vontade própria à vossa, por não terem tido maior estima em vossa vontade, por viverem e procederem a maior parte das vezes consoante a própria satisfação. Para reparar esta desobediência, ofereço-vos a perfeita união entre o dulcíssimo coração e a vossa vontade, Deus Pai, bem como a submissão com que Ele vos obedeceu até a morte. Amém.

Meu Jesus, misericórdia (dez vezes).

O pão nosso de cada dia nos dai hoje – Eu vos peço, ó eterno Pai, que perdoeis às almas do purgatório por não terem recebido o Pão dos Anjos com vivos desejos, devida devoção e amor, por um grande número delas ter sido indigno de o receber, por o terem recebido nenhuma ou poucas vezes. Em expiação deste pecado ofereço-vos a santidade e a devoção de vosso Filho, assim como o amor e o inefável desejo que o levou a dar-nos este precioso tesouro. Amém.

Meu Jesus, misericórdia (dez vezes).

Perdoai-nos as nossas ofensas, assim como nós perdoamos a quem nos tem ofendido – Eu vos suplico, ó eterno Pai, que perdoeis às almas do purgatório os pecados mortais cometidos, mormente por não perdoarem àqueles que as ofenderam e por não terem amado os seus inimigos. Por estes pecados ofereço-vos a sublime oração que Jesus fez na cruz por seus algozes. Amém.

Meu Jesus, misericórdia (dez vezes).

Não nos deixeis cair em tentação – Eu vos suplico, ó eterno Pai, que perdoeis às almas do purgatório por não terem resistido aos vícios e concupiscências; por se terem muitas vezes deixado cair nas ciladas do demônio e da carne, por se terem visto – por culpa própria – metidas em grande número de más ações. Por esses pecados, ofereço-vos a vitória gloriosa com a qual Jesus venceu o mundo e o demônio; outrossim, a sua santíssima vida com os seus trabalhos e fadigas, com a sua dolorosíssima paixão e morte. Amém.

Meus Jesus, misericórdia (dez vezes).

Mas livrai-nos do mal – Livrai-as, Senhor, também de todo o mal e de toda a pena pelos merecimentos do vosso amado Filho e conduzi-as ao reino da vossa glória, que sois Vós mesmo. Amém.

Meu Jesus, misericórdia (dez vezes).

Glória-ao-Pai

Eterno Pai, eu vos ofereço o preciosíssimo sangue e os méritos das santas chagas, da paixão e morte de Nosso Senhor Jesus; os méritos das lágrimas e dores de sua santíssima Mãe, pedindo-vos alívio para as almas do purgatório. Amém.

Nossa Senhora, rogai por elas.

São José, rogai por elas.

São Miguel Arcanjo, intercedei por elas.

E vós, santas e benditas almas, ide perante Deus apresentar a minha súplica... (falar a graça que se deseja alcançar).

Orações às Almas Benditas

Oração 1

Pai de misericórdia e bondade, nós vos suplicamos que concedais às almas do purgatório o alívio de suas penas, levando-as a vossa divina presença para vos glorificarem junto com todos os anjos e santos.

Lembrai-vos especialmente das almas de nossos queridos parentes, amigos e benfeitores e daquelas mais abandonadas.

Ó meu Jesus, perdoai-nos, livrai-nos do fogo do inferno, levai todas as almas para o céu, principalmente as que mais precisarem.

Dai-lhes, Senhor, o descanso eterno e a luz perpétua as ilumine. Descansem em paz. Amém.

Oração 2

Pai Eterno, eu vos ofereço o sangue precioso de Nosso Senhor Jesus Cristo para alívio das almas sofredoras que ainda padecem no purgatório. Suplico a Vós, meu Jesus Cristo, Salvador do mundo, que lhes devolvais a luz perdida.

E vós, almas santas e benditas, que sois tão poderosas, eu vos suplico intercedei junto a Nosso Senhor Jesus Cristo, Redentor do mundo, pelos viventes sofredores desta terra, entre os quais eu também me encontro. Rogo-vos, benditas almas, que me alcancem a graça de que tanto necessito... (falar a graça que se deseja alcançar).

Oração 3

Almas Benditas do Senhor, vós que estais na intimidade de Deus nosso Pai e ansiosas aguardais a hora abençoada em que as portas do céu se abram para vós, ouvi a nossa súplica.

Vós que, no convívio com os homens, experimentastes as angústias e as aflições desta terra e hoje estais na expectativa de gozar da mais plena felicidade da vossa união com Deus, pedi ao Pai alívio para os nossos sofrimentos e coragem para prosseguirmos em nossa caminhada para a casa do Pai.

Vós que, nesta vida, colocastes vossa mão trêmula e fraca na mão forte e segura de Jesus Cristo, que caminhastes lado a lado com Ele através dos anos da vida terrestre e que hoje estais felizes na companhia do nosso Salvador junto ao Pai, fazei que o coração de Jesus infunda confiança e paz em nosso coração e ilumine nosso espírito com sua divina sabedoria para que possamos caminhar tranquilos nas estradas tortuosas desta vida até juntarmo-nos a Vós no banquete celeste com a Virgem Maria e com todos os santos. Amém.

Almas santas e benditas, rogai a Deus por nós, que rogaremos a Deus por vós: alcançai para nós os favores que vos suplicamos... e que Deus vos dê repouso e luz eterna. Amém.

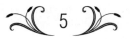

Ladainha ao Sagrado Coração de Jesus

Senhor, tende piedade de nós.
Jesus Cristo, tende piedade de nós.
Senhor, tende piedade de nós.

Jesus Cristo, ouvi-nos.
Jesus Cristo, atendei-nos.

Pai Celeste, que sois Deus, tende piedade de nós.
Deus Filho, Redentor do mundo, tende piedade de nós.
Deus Espírito Santo, que sois Deus, tende piedade de nós.
Santíssima Trindade, que sois um só Deus, tende piedade de nós.

Coração de Jesus, Filho do Pai Eterno, tende piedade de nós.

Coração de Jesus, formado pelo Espírito Santo no seio da Virgem Mãe, tende piedade de nós.

Coração de Jesus, unido substancialmente ao Verbo de Deus, tende piedade de nós.

Coração de Jesus, de majestade infinita, tende piedade de nós.

Coração de Jesus, templo santo de Deus, tende piedade de nós.

Coração de Jesus, tabernáculo do Altíssimo, tende piedade de nós.

Coração de Jesus, casa de Deus e porta do céu, tende piedade de nós.

Coração de Jesus, fornalha ardente de caridade, tende piedade de nós.

Coração de Jesus, receptáculo de justiça e de amor, tende piedade de nós.

Coração de Jesus, cheio de bondade e de amor, tende piedade de nós.

Coração de Jesus, abismo de todas as virtudes, tende piedade de nós.

Coração de Jesus, digníssimo de todo o louvor, tende piedade de nós.

Coração de Jesus, Rei e centro de todos os corações, tende piedade de nós.

Coração de Jesus, no qual estão todos os tesouros da sabedoria e ciência, tende piedade de nós.

Coração de Jesus, no qual habita toda plenitude da divindade, tende piedade de nós.

Coração de Jesus, no qual o Pai põe todas as suas complacências, tende piedade de nós.

Coração de Jesus, de cuja plenitude todos nós participamos, tende piedade de nós.

Coração de Jesus, desejado desde toda a eternidade, tende piedade de nós.

Coração de Jesus, paciente e de muita misericórdia, tende piedade de nós.

Coração de Jesus, rico para todos que vos invocam, tende piedade de nós.

Coração de Jesus, fonte de vida e santidade, tende piedade de nós.

Coração de Jesus, propiciação por nossos pecados, tende piedade de nós.

Coração de Jesus, saturado de opróbrios, tende piedade de nós.

Coração de Jesus, esmagado de dor por causa de nossos pecados, tende piedade de nós.

Coração de Jesus, atravessado pela lança, tende piedade de nós.

Coração de Jesus, fonte de toda a consolação, tende piedade de nós.

Coração de Jesus, nossa vida e ressurreição, tende piedade de nós.

Coração de Jesus, nossa paz e reconciliação, tende piedade de nós.

Coração de Jesus, vítima dos pecadores, tende piedade de nós.
Coração de Jesus, salvação dos que em vós esperam, tende piedade de nós.
Coração de Jesus, esperança dos que morrem em vós, tende piedade de nós.
Coração de Jesus, delícia de todos os santos, tende piedade de nós.

Cordeiro de Deus, que tirais os pecados do mundo, perdoai-nos, Senhor.
Cordeiro de Deus, que tirais os pecados do mundo, ouvi-nos, Senhor.
Cordeiro de Deus, que tirais os pecados do mundo, tende piedade de nós, Senhor.

Jesus, manso e humilde de coração,
Fazei nosso coração semelhante ao vosso.

Oremos: Deus Onipotente e Eterno, olhai o coração do vosso diletíssimo Filho e os louvores e reparações que pelos pecadores vos tem tributado; e aos que invocam vossa misericórdia, Vós, aplacado, sede fácil no perdão pelo mesmo Jesus Cristo que convosco vive e reina para sempre, na unidade do Espírito Santo. Amém.